AF284230

Helmut Kropp

Reise nach Krakau und Breslau

Waldkarpaten und Beskiden

Impressum
Copyright 2021 Helmut Kropp

Herstellung und Verlag
BOD - Books on Demand, Norderstedt

ISBN: 978-3-7534-3865-8

Reise nach Süd-Polen

Besuch von Breslau, Krakau, Zakopane, Wieliczka, Przemisl, Beskiden, Waldkarpaten, Floßfahrt, Hohe Tatra, Eisenbahnfahrt, Solina See.

Generell fahre ich lieber mit der Bahn, aber in diese Gegend Südpolens gab es kein Angebot. Im Bus finde ich es stets unbequem, hier war es gerade noch erträglich.

Für diese Busreise Nr. 4556 „im klimatisierten Fernreisebus" von 30.4. bis 7.5.2017, Titel: „Naturparadies Solina See 2017" waren im September 2016 an die trendtours Touristik ein Grundpreis von 698 EUR puls Saisonzuschlag April EUR 30,- plus Einzelzimmerzuschlag EUR 140,-, jedoch dann noch abzüglich Aktionsrabatt „ADA 3009" (ADAC Motorwelt) EUR 200,-zusammen somit EUR 668,- zu bezahlen.

Sonntag 30.4.2017 – Anreisetag

Der Bus sollte am Sonntag, den 30.4.17 um 5:15 h (!) vom Bahnsteig 25 des Busbahnhofes in München-Fröttmaning abfahren.

Die Kunst der Anreise zum Bus mit den öffentlichen Verkehrsmitteln: um diese Uhrzeit und noch dazu am Sonntag fährt fast nichts, da muss man genau die Fahrpläne studieren.

Somit Start um 04:15 h ab Bahnhof Olympiazentrum mit der U3 nach Münchner Freiheit, dort umsteigen in die U6 nach Fröttmaning. Diese Züge sind eigentlich auch Dienstzüge für die Angestellten der Münchner Verkehrsgesellschaft MVG.

In der U-Bahnstation Münchner Freiheit wartete, oh die Überraschung, ein neuer C2-Wagen der U6. Dieser hat rund um die Türen ein rotes LED-Leuchtband, ist die Tür offen, leuchtet es grün.

Der Zug war pünktlich in Fröttmaning, von dort über die lange Fußgängerbrücke hinüber zum Busbahnhof. Da waren dann auch schon einige Leute mit Koffern und ein Bus an der Station 6, aber nichts an der Station 25, obwohl dies am Fahrplan-Display angezeigt wurde.

So gegen 5:15 h kam dann einer von dem Bus der Station 6 zu uns und sagte, er fahre zum Solina See, habe sich aber gleich in Station 6 hin gestellt.....

Ergebnis: Bus rappelvoll, ganz hinten noch einige wenige freien Plätze, auch zwei Reihen in der Mitte waren noch frei, die waren aber mit dem Vermerk "Reserviert für....". Dass man reservieren konnte, war uns unbekannt, da hatte der Busfahrer wohl eine Handreichung erhalten.

Der Bus hatte zwei Bildschirme, einer vorne, einer fast hinten und es wurde eine Bugkamera verwendet.

Kurz darauf, nach Einladen des restlichen Gepäcks, Abfahrt. Wir wurden informiert, es gehe zuerst nach Freising und dann nach Landshut, dort sei Fahrerwechsel. Der Bus war, wie wir später erfuhren, in Traunstein gestartet.

Nun, so fuhr der Bus dann auf reichlich undurchsichtiger Route über Nebenstrecken (statt über Autobahn) zum Bahnhof Freising, wo die Fahrgäste mit Reservierung einstiegen.

In die Sitzreihe hinter mir kamen zwei gut gebauten ukrainischen Mädchen, die sich ständig und lautstark in ihrer Muttersprache unterhielten. Ich saß also vor ihnen, da ich alleine fuhr, war der Platz neben mir frei, was mir sehr recht war. Jedoch schrien die Ukrainerinnen immer, wenn vor der Abfahrt Fahrgastkontrolle durch den Busfahrer oder Reiseleiter stattfand: "Hier ist noch ein Platz frei!" Insgesamt waren wir, ohne Fahrer und Reiseleiter, zusammen 34 Personen, der Bus somit voll besetzt.

Beitrag für die Ukrainerinnen: Russisch lernen

Ich erzählte von meinem Russischkurs 1962/63 bei Professor Federowski in Wien. Da warteten alle Studenten, dann ging die Tür auf und der Professor trat ein, erhob seine Hände wie ein Dirigent und skandierte: „Ja – ja – ja!"

In der ersten Schrecksekunde wusste niemand, was das sein sollte, also wiederholte er: „Ja – ja - ja!". Also machten alle Studenten mit und sprachen im Chor: „Ja- ja -ja.!"

Die Ukrainerinnen waren ratlos, was das sein sollte. Aber dann kam die Fortsetzung vom Professor: „Ja chatschu – ja chatschu – ja chatschu!"

„Ach so" sagten die Ukrainerinnen. Das war nämlich russisch und hieß: „Ich will!"

Der ganze Satz, gleich zu Beginn des Russischkurses gelernt, lautet dann: „Ja chatschu gawarit, citat i pisat parusski!" (Ich will Russisch sprechen, verstehen und lesen können).

Unser Fahrer

In Landshut kam dann Günter, unser Fahrer für die eigentliche Polenreise. Er hatte Brezen und Würstel im Verkauf, Getränke sowieso, und fuhr sehr ordentlich und parkte den Riesen-Mercedesbus geschickt ein, wofür er jedes Mal Sonderapplaus erhielt. Gelegentlich meldete er sich humorvoll über die Lautsprecheranlage.

Er teilte uns mit, vor Breslau werde unser polnischer Reiseleiter Jan zusteigen, vorher war der als Spargelstecher in Deutschland tätig gewesen. Jetzt müsse er das nicht mehr tun, jetzt sei er Fremdenführer. Jan quasselte zumeist kaum verständlich vor sich hin, das hatte zumeist nichts mit dem zu tun, wo wir gerade waren und was es für Sehenswürdigkeiten gab.

Gleich hinter der polnischen Grenze wurde der Bus mit 250 Liter Diesel betankt. Ich wechselte an einem Automaten, den auch viele Polen vor mir benutzten, einige EUR in Zloty; wie ich später feststellte, nicht zu einem berauschenden Kurs.

Polnische Autobahnen sind gebührenpflichtig (VIU TOLL), die Autobahn E40 ist sehr gut ausgebaut. Von der Autobahn aus sahen wir bekannte Häuser wie Obi, Ikea, Burger King, KFC und Porsche. Die erste Übernachtung war dann in Krakau.

Dazu mussten wir aber die Stadt durchqueren und dann war Günters Rangierkunst gefragt, den Bus auf einem Parkplatz des S-W-Hotels zu stellen, wo noch weitere zwei Busse derselben Tour Platz finden mussten.

Wenn nun 43 Personen mit einem Schlag ein-
checken wollen, ist das Gedränge natürlich
groß. Es gab dann zwei Aufzüge zu unseren
Zimmern, langsam und altertümlich, aber sie
funktionierten immer gut.

Zum Öffnen der Zimmertür war eine weiße
Codekarte erforderlich, die man bei der
Rezeption bekam. Die Karte war aber nur vor
ein Stück Plastik an der Außenseite der
Zimmertüre zu halten. Da passierte aber bei
meiner Karte gar nichts, worauf eine ener-
gische Dame aus unserer Reisegruppe auf
mich zu kam, mir die Karte abnahm und damit
vor der Türe herumfuchtelte. Das half aber
auch alles nichts. Ich musste wieder hinunter
zur Rezeption und die Karte neu codieren
lassen. Dann war alles ok, die Tür ging auf.

Mein Zimmer 506 war in etwa 2-3 *** Standard,
die Lampe in der Toilette über dem Spiegel war
defekt. Das Bett war bequem, ich konnte gut
schlafen.

Ganz unten im Keller war dann der Speisesaal,
ausreichend Platz, Buffetbetrieb und das
Abendessen wie auch das Frühstück in der
Früh waren gut. Es gab Salat zur Auswahl aus
Rohmaterial, dazu mehrere Salatsaucen zum

Selbermischen. Ferner eine, manchmal zwei Suppen, Fisch, Hauptspeise mit Kartoffeln, Reis, Nudeln nach Wahl sowie eine Nachspeise (Obst oder eine Dessertcreme).

Getränke waren selber zu besorgen und zu zahlen, mit Ausnahme von Kaffee, Tee und Wasser, die standen am Buffett bereit und wurden auch ständig frisch aufgefüllt.

Montag, 01.05.2017 – Krakau (Krakow)

Das war nun ein bemerkenswerter Tag, Maifeiertag auch in Polen. Die berühmte und bekannte Stadt war voll von Touristen. Nach einer kurzen Stadtrundfahrt landeten wir am „Wawel" von Krakau.

Das ist eine Ortsbezeichnung, kein zu übersetzendes Wort. Es bezeichnet einen Hügel in der Stadt Krakau, mit Festungs-Bastionen,

Schloss und der berühmten Marienkirche mit zwei ungleichen Türmen. Nach der Aussenbesichtigung des Wawel durften wir in die Kirche, fürs Fotografieren innen waren 10 Zloty extra zu bezahlen.

Zu sehen gibt's in der Marienkirche den berühmten Flügel-Altar von Veit Stoß, der vorerst noch geschlossen war. Um Punkt 12 Uhr kam dann eine Klosterschwester und öffnete die Flügel. Die Wawel-Kirche war rappelvoll, am Eingang wurden immer nur wenige Personen eingelassen.

In der Krypta der Kirche liegen fast alle polnischen Berühmtheiten begraben. Dort war Fotoverbot. In der letzten Kammer der Krypta durfte man dann wieder fotografieren. Dort lagen die Toten des Flugzeugunglücks 2020 von Smolensk/Katyn. Dieses Unglück schreibt die derzeitige Regierung den Russen zu. Das größte Grab dort hat Lech Kaczynski, der Bruder des derzeitigen Regierungschefs Jaroslaw Kaczynski.

Dann war Mittagspause angesagt, jeder musste sich selbst versorgen. Da in der Nähe, war ich auf einen Hamburger im „Rock Cafe" von Krakau. Dann brachte uns der Bus nach Wieliczka, wo das Salzbergwerk besichtigt werden sollte.

Das Salzwerk Wieliczka

Ich war interessiert, hatte ich doch ein altes
Albumblatt mit mehreren Bildern zu Hause:
Salzbergwerk Wieliczka. Darauf konnte man
die Abfahrt in den finsteren Schacht sehen,
nicht etwa mit einem Fahrkorb, sondern nur ein
Stück Leder am Seil, die einfahrenden Bergleu-
te hatten Fackeln in der Hand.

Der ÖGB (Österreichische Gewerkschafts-
bund) hatte dieses Bild schon für seine Zwecke
entdeckt und verwendet: „Ein verschlissenes
Seil mit Bergleuten daran wird in die Finsternis
abgelassen, keine Sicherung, und der Berg-
werksbesitzer sieht von einem Fenster im
Schacht aus zu..“

Auf dem Plakat waren dann noch: der Salzsee,
der Abbau von Salz und Transport mit Pferde-
fuhrwerk, Salzskulpturen und eine Kapelle aus
Salz im Salz.

Elend lange warteten wir in einer Halle, da war
auch der Aufzug in den Schacht, und dann ging
es nicht etwa mit einem Aufzug in das Salzbergwerk, sondern über ein finsteres, in einen

engen Schacht hineingebautes, hölzernes
Treppenhaus mit kurzen Absätzen, zu Fuß,
immer rechtsherum, bis in 130m Tiefe (ent-
sprechend etwa 50 Stockwerke!).Das war
enorm anstrengend, da eine große Besucher-
zahl sich in dem Schacht drängte und am Ende
der eingelassenen Menschenschlange eine
„Antreiberin" tätig war und darauf achtete, dass
niemand zurückblieb. Dazu enormer Lärm und
stickige Luft.

Am Ende der Treppe gab es dann einen hori-
zontalen Weg, vorbei an diversen Ausstel-
lungsplätzen, wo die Salzgewinnung und his-
torische Ereignisse dargestellt wurden. Wenn
man zu einem dieser Punkte kam, war die
erklärende Führerin schon weitergegangen, sie
wartete wegen der Besuchermassen nicht

mehr auf die letzten Personen. Das ärgerte mich gewaltig.

In diesem Bergwerk gibt es noch zahlreiche, aus dem Salz gehauene oder mit Salz gestaltete Kammern, u.a. auch eine Kathedrale mit Salzleuchtern.

1987 wurde das Bergwerk UNESCO Weltkulturerbe.

Abends gab es dann im Krakauer Hotel das Abendessen, wie schon beschrieben, in zufriedenstellender Qualität.

Dienstag, 2.5.2017 Zakopane, Floßfahrt Dunajec

Zakopane liegt am Rand der Hohen Tatra und ist bis auf die monumentalen Schisprungschanzen am Abhang des Hohen Tatragebirges recht langweilig.

Es gibt im Ort eine Art Einkaufsstraße, die aber nur landwirtschaftliche Produkte (Gemüse, Brot, Kuchen) anbietet, ein Laden gleicht dem anderen.

Ich lief diese Straße entlang, an der Kirche und an einer Draht-Standseilbahn vorbei und dann zurück.

 Dann gab es eine Pferdekutschfahrt durch Zakopane, wegen des einsetzenden Regens war der Wagen mit einer Plane gedeckt, so-dass die Sicht nach draußen, nach Zakopane, recht beschränkt war.

Jan und die Pferdekutsche

Zur folgenden, angekündigten Floßfahrt – nicht in Polen, sondern schon in der Slowakei - gab es folgende Beschreibung:

„Das Floß wurde bekannt mit der Holzernte in den Gebirgsgebieten mit dem nachfolgenden Transport des Holzes nach Polen. Die Tour mit den neu gebauten Holzflößen gehört zu den touristischen Attraktionen der Nord-Slowakei.

Die Floßtour auf dem Fluß Dunajec führt durch das malerische Gebiet des Nationalparks Pleniny mit einen der schönsten Bergpässe in der Slowakei. Die befahrbare Flussstrecke ist insgesamt 9-11 km lang und endet im Dorf Lesnica.“

Der Bus fuhr also nach der Kutschenfahrt über die Grenze in die Slowakei, das verlassene Grenzgebäude am Straßenrand erinnerte daran, dass Polen und Slowakei in der EU sind. Besonders Polen hat ja von der EU-Mitgliedschaft ganz besonders profitiert.

Am Fluss Dunajec angekommen, war alles schon vorbereitet, wir, jeweils 12 Personen, wurden auf ein Floss verladen und der Flößer in seiner Tracht schob unser Wasserfahrzeug, das aus mehreren Einzelbooten bestand, miteinander verbunden, mit einer Stange in den Strom.

Die folgende Floßfahrt, flussabwärts, war dann sehr beeindruckend, die Dunajec ist aber nicht sehr tief.

Es ging vorbei an einem Gebirge Tri Coruny,
982 m hoch, auf der anderen Flussseite und
schon in Polen. Früher fuhren diese „Goralen-
Flöße" mit Holz und Lebensmittel bis zur Ost-
see

Unterwegs wurden dann alle Flöße fotografiert!

.

In Lesnica war dann Ende der Floßfahrt und wir hatten ein Wegstück bis zum Bus zurück zu legen, der Bus stand in einem Seitental bei einem Hotel Chata Pieniny.

Es gab auch noch Hinweise auf „Goralische Spezialitäten", aber die waren diesmal nicht am Programm.

Mit dem Bus gings dann zurück nach Krakau ins Hotel zur 3.Übernachtung. Unser Guide Jan brabbelte bei der Busfahrt dauernd ins Mikrofon, großteils unverständlich und nur wenig deutliches Deutsch und das war dann ohne Zusammenhang zur Fahrt.

Oft ließ er den Bus anhalten, aber da war dann oft weder eine schöne Aussicht noch eine Sehenswürdigkeit, vielmehr ein Andenkenladen oder ein Imbiss. Ob er da wohl eine Vereinbarung mit diesen Geschäften hatte?

Mittwoch, 3.5.2017 Solina See

Der Solina See ist der aufgestauter Fluss San in den Waldkarpaten, 60 m tief und der größte Stausee Polens, der ein Wasserkraftwerk speist.

Bei der Anreise gab es dann zwei Stops am See zum Besichtigen und Fotografieren.

In Kurczma Solina, in einem großen, vollstän-
dig aus Holz gebautem Restaurantgebäude
war dann Mittagessen und hernach sogar
Publikumstanz!

Durch eine Ladengasse mit touristischen
Artikeln hindurch kamen wir zum See und zu
der Staumauer. Die ist 82 Meter hoch und 665
m lang.

Dann sollte eine Rundfahrt auf dem See mit
einem Ausflugsschiff stattfinden. Leider hatte
inzwischen Regen eingesetzt und es wurde
richtig finster, noch finsterer war es in dem
Boot, da dessen Regenschutz angelegt werden
musste.

Dann ging es mit dem Bus zur 1.Übernachtung
im Amer Pol Hotel in Polanczyk bei Solina. Das
war ein gutes, bequemes Hotel, mit von
meinem Zimmer aus prächtiger Aussicht auf
den See und ordentlicher Verpflegung.

Donnerstag, 4.5.2017

Westgalizien, Kalvarienberg, Przemysl, Krasiczin, Sanok

Bei der Rundfahrt heute durch Westgalizien besuchten wir zuerst den Kalvarienberg, dann Przemysl.

Die Kalvarienbergkirche

SANKTUARIUM MĘKI PAŃSKIEJ I MATKI BOŻEJ KALWARYJSKIEJ

WITAJ

PIELGRZYMIE! TURYSTO! PRZYBYSZU!

ZAPOZNAJ SIĘ Z REGULAMINEM SANKTUARIUM

ZACHOWAJ CISZĘ I SKUPIENIE

DBAJ O CZYSTOŚĆ

DZIECI POWINNY POZOSTAĆ POD OPIEKĄ DOROSŁYCH

PUNKT INFORMACYJNY ZNAJDUJE SIĘ W DOMU PIELGRZYMA

NA TERENIE KOŚCIOŁA:

OBOWIĄZUJE STOSOWNY STRÓJ

ZAKAZ UŻYWANIA LAMP BŁYSKOWYCH SZCZEGÓLNIE W CZASIE NABOŻEŃSTW

WYCISZ TELEFON

ZAKAZ SPOŻYWANIA POSIŁKÓW

NA TERENIE PLACU KOŚCIELNEGO OBOWIĄZUJE:

ZAKAZ PALENIA

ZAKAZ UPRAWIANIA SPORTÓW

ZAKAZ WPROWADZANIA ZWIERZĄT

ZAKAZ WJAZDU POJAZDÓW BEZ ZEZWOLENIA ADMINISTRACJI

Holokaust-Gedenkstätte

Blick auf Przemysl

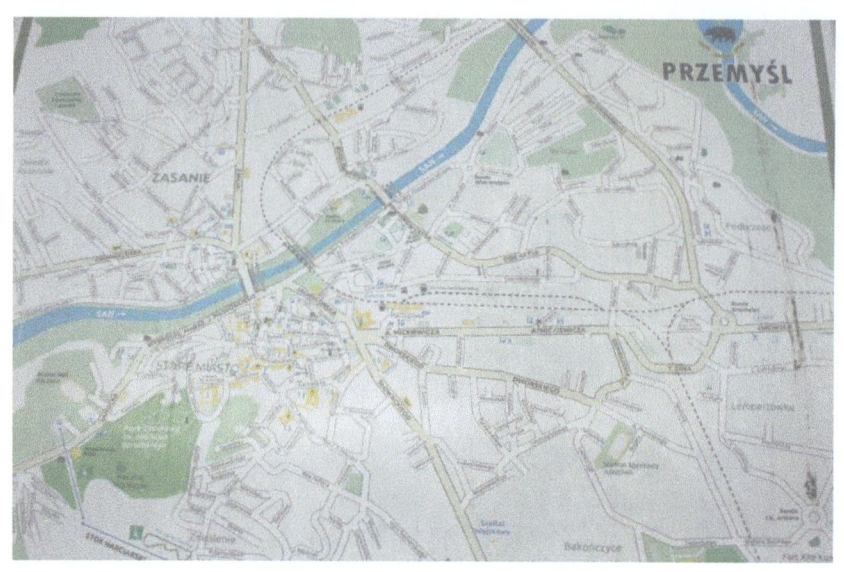

Bemerkenswert war die „Griechisch katholische Kirche" in Przemisl.

Dann besuchten wir das Schloss in Krasiczin,
zur Besichtigung von außen.

Dann war noch der Besuch von Sanok am Programm. Wir besichtigten dort den Marktplatz (Rynek) und die Kirche.

Freitag, 5.5.2017 Waldbahnfahrt durch die Karpaten, Biszczady-Nationalpark.

Heute war eine großartige Fahrt mit der Beskiden-Waldbahn am Programm.

Dazu zur Einführung ein Beitrag aus einer einschlägigen Eisenbahn-Broschüre:

"Kolejka przyjazni przez Karpaty, On the railway of friendship through the Carpathians".

Die "Beskiden-Waldbahn"

In den Jahren 1890 bis 1898 hat die damalige österreichisch-ungarische Regierung eine Bahn in die Beskiden bauen lassen, um die Ressourcen der Region auszubeuten. Es gab eine Bahn Budapest-Lviv über den Uzocka-Pass und den Lupkowska-Pass; von deren Station Nowy Lupkow aus wurde ein Abzweig über Woda Michowa, Maniow, Balnica, Solinka, Zubracze und Majdan nach Cisna gebaut, jedoch in Schmalspur. Der Güterverkehr förderte Holz aus den Wäldern und war hoch profitabel. Die Bahnlinie wurde von Majdan nach Kalnica und Beskid verlängert und trug zum wirtschaftlichen Aufschwung der Region durch Sägewerke, Gewerbe und Geschäfte bei.

In 1914 wurden Personal und Rollmaterial evakuiert und Brücken und die Bahninfrastruktur durch die österreichische Armee auf ihrem Rückzug zerstört. Jedoch wurde die Bahn durch das Militär ab 1914 und bis 1939 (mit Ausnahme des Zeitraums 1918 bis 1920) in Betrieb gehalten.

In 1939 wurde die Bahn durch das deutsche Heer wieder in Betrieb genommen und von November 1939 bis September 1944 wurde Holz im Raubbau abgeführt.

1944 haben russische Truppen 6km der Gleise zwischen Balnica und Cisna abmontiert und das Holz als Baumaterial und Brennstoff verwendet. Die Bahnstrecke wurde als strategische Militärstraße genutzt.

Im November 1944 begannen polnische Eisenbahner mit der Wiederherstellung der Strecke., insbesonders wegen des Sägewerks in Cisna. Da die UPA in 1946 dieses verbrannte, kam der Bahnverkehr wieder zum Stillstand.

In 1950 wurde der Güterverkehr wieder aufgenommen, neben dem Holztransport wurde Baumaterial und andere Waren zur Wiederherstellung der Region transportiert.

In 1959 wurde eine neue Strecke Rzepedz - Smolnik zum Anschluss der Holzverarbeitung in Rzepedz gebaut, in 1961 wurde die Strecke Kalnica-Przyslup eröffnet.

1964 wurde eine weitere Strecke Kalnica-Moczarne fertiggestellt. Mit einer Gesamtlänge von nun 73 km wurde die Besikiden-Waldbahn die längste Schmalspurbahn Polens, Spurweite 750mm.

Ab 1985 wurde die Bahn vom Waldtransport-Büro in Sanok geleitet. Nach 1963 wurde der Personenverkehr wieder aufgenommen.

In 1975 wurde die Gesellschaft liquidiert, begründet durch die geringe Rentabilität und den Verschleiß der Personenwagen. Es gab zahllose Proteste, der Zugverkehr wurde fortgeführt, war aber gegen den Straßenverkehr nicht wettbewerbsfähig. Der Güterverkehr ging dramatisch zurück.

Die Gesellschaft musste Strecken einstellen, zuerst die Strecke Wetlina-Moczarne, dann Dolzyca-Wetlina. Das nicht mehr benötigte Rollmaterial landete im Waldbahnmuseum bei der Station Majdan.

1963 endete der Personenverkehr zwischen Rzepedz und Majdan, in 1994 wurde der Güterverkehr ganz aufgegeben.

Eine Gruppe junger Bahnfans hat eine Stiftung initiiert, die "Fundacja Bieszczadzkiej Kolejki Lesnej", um die lokale Attraktion, die zu verfallen drohte, zu retten. Der Personenverkehr wurde wieder aufgenommen, hauptsächlich für Touristen.

So ist die Schmalspur-Waldbahn eine Haupt-Touristenattraktion der Region Beskiden und fährt derzeit zwischen Majdan und Przyslup (11 km) und zwischen Majdan und Wola Michowa (17 km).

In Majdan mit dem Bus angekommen, gab es eine Menge zu bestaunen: ein eindrucksvolles, als Museum ausgebautes Stationsgebäude mit altem Eisenbahnmaterial: Bremsschuhe, Schotterbearbeitungswerkzeuge, Gleisbefes-

tigungsmaterial, Fernmeldegeräte und Schlüs-
seltableaus für die Weichensperren.

51

Draußen standen zahlreiche Personenzugs-
waggons herum. Dazu mehrere Fracht-
waggons, einer davon mit langen Baumstäm-
men beladen so wie ein für uns bereitstehender
Zug mit 4 Personenwagen, ferner 4 Dieselloks,
eine Dampflok und eine weitere Vierkuppler-
Dampflok, angeheizt, Bezeichnung Kp4 3772,
die sich dann vor unseren Zug setzte..

Bei den Personenwagen war bemerkenswert,
dass sie keine Druckluftbremsen hatten, nur
handbetätigte Radbremsen, zu deren Bedien-
ung in jedem Waggon dann ein Bremser mit-
fuhr. - Das war notwendig, nicht bei der Hin

Das war notwendig, nicht bei der Hin fahrt nach Solinka, sondern bei der Rückfahrt, da war die Strecke leicht abschüssig.

Die Waggons hatten also keine eigene Bremse, aber wenigstens eine eigene Toilette!

An der Endstation gab es einen Imbiss, dann gings wieder zurück.

Bei der Rückfahrt mit dem Bus ins Amer Pol Hotel durch den Bieszczady-Nationalpark (Beskiden) kamen wir recht nahe an der Grenze zur Ukraine vorbei.

Jan erklärte uns, da werde gut aufgepasste, dass niemand nach Polen hineinschleicht, es seien zahlreiche Posten in privat aussehenden Häusern eingerichtet.

Samstag. 6.5.2017 Breslau

Breslau, die „Stadt auf den 12 Inseln" mit ihren 100 Brücken war am nächsten Tag auf dem Programm. Dazu mussten wir nach der dritten Übernachtung am Solina See zuerst mit dem Bus nach Breslau fahren. Bemerkenswert: die goldgelben Rapsfelder in voller Blüte.

Es war In Breslau die Besichtigung der Innenstadt und ein Abendessen im berühmten „Schweidnitzer Keller" vorgesehen.

Beim Spaziergang durch die Stadt fielen uns zahlreiche „Zwergerl"-Figuren auf, die an allen nur möglichen Stellen in der Stadt verteilt plaziert waren.

.

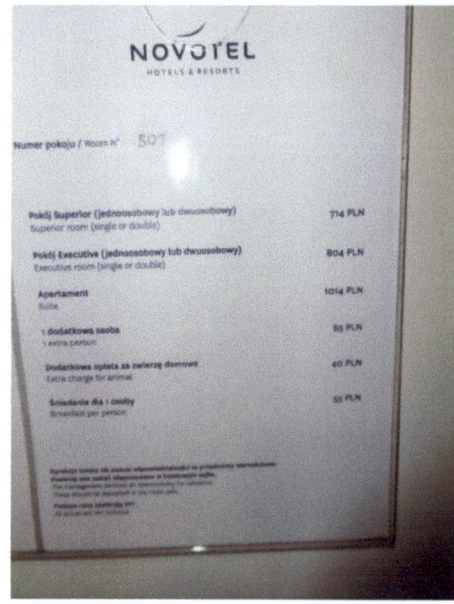

Die Übernachtung
war dann im
Novotel in Breslau.

Das Zimmer war
sauber, auch die
Toilette.

Sonntag. 7.5.2017 Heimreise

Am Sonntag um 8 Uhr war Abfahrt vom Novo-
tel-Hotel in Breslau. Bei einem Stop auf einem
Parkplatz waren die Restdevisen in Wodka
umzusetzen. Dann gab es weiterhin keine
besonderen Vorkommnisse.

Ich unterhalte mich im Bus angeregt mit einem
Mitreisenden aus Ostdeutschland über Dres-
den, Leipzig usw., da regte sich sofort einer
auf, wir sollten leise sein, flüstern….

Eine Seniorin geht im Bus nach rückwärts zur
Rückbank und beschließt ihre Wanderung mit
einem unanständigen Ton….

Am Abend waren wir dann zurück in München
am Busbahnhof in Fröttmaning.

Ich war vorher schon zweimal in Polen: 1963
auf der Durchreise von Österreich über
Warschau nach Brest und dann 1965 mit
Aufenthalt in Warschau, beide Male zu einer
Funksportveranstaltung. Polen hat sich, der EU
sei Dank, ja sehr verändert und verbessert.

Bücher von Helmut Kropp

Im Buchhandel erhältlich:

Immer am Gleis- Bahnfahren in Europa und Amerika
Format 14,8 x 21 cm 148 S. ws 90g Paperback
36 Farbseiten Ladenpreis 13,99 EUR ISBN 978-3-7347-43665

Beiträge zur Telekommunikation
Format 14,8 x 21 cm 132 S, ws 90g Paperback
Ladenpreis 19,90 EUR ISBN   978-3-7347-78884-1

Kreuzfahrer Mit AIDA, COSTA und MSC auf See
Format 14,8 x 21 cm 108 S. ws 90g Paperback
59 Farbseiten   Ladenpreis 12,99 EUR ISBN 978-3-7386-4190

Orgelreisen
Format 14,8 x 21 cm 152 S. 90g Paperback
107 Farbseiten Ladenpreis EUR 19,00 ISBN 978-3-3920-1139

Abenteuer Bauernhof – Leben in der Minkenmühle
Format 14,8 x 21 cm 80 S. 90g Paperback
29 Farbseiten Ladenpreis EUR 8,99 ISBN 9783839141379

Erlebnisreisen nach Ost und West
Format 14,8 x 21 cm 134 S. 90g Paperback
107 Farbseiten Ladenpreis EUR 19,99   ISBN 9783743125124

Das Perlmooser Zementwerk Rodaun
Format 15,5 x 22 cm, 84 S. 90g Paperback
12 Farbseiten   Ladenpreis EUR 15,99   ISBN 9783748193487

Ich war noch nie in Hammerfest
Format 15,5 x 22 cm 129 S. 90g Paperback
64 Farbseiten   Ladenpreis 15,99   ISBN 9785750424289

Erhältlich beim Autor: Postfach 401063 80710 München:

Im Olympischen Dorf München und seiner Umgebung
Format 14,8 x 21 cm 64 S. ws90g Paperback 2.Aufl.
EUR 5,00

Im Kollegium Kalksburg 1948-55 1.Teil
Format 14,8 x 21 cm 136 S. ws 90g Paperback
EUR 10,00

Im Kollegium Kalksburg 1948-55 2.Teil
Format 14,8 x 21 cm 68 S. ws 90g Paperback
EUR 5,00

Gesammelte Werke 1950-1955
Format 14,8 x 21 cm 24 S. ws 90g Paperback
EUR 5,00

60 Jahre Beruf (1955-2015)
Format 14,8 x 21 cm 168 S. ws 90g Paperback
11 Farbseiten EUR 15,00

Der Funkamateur OE3UK 1955-1980
Format 14,8 x 21 cm 168 S. ws 90g Paperback
47 Farbseiten   EUR 18,00

Als man noch Briefe schrieb
Nostalgie der schriftlichen Individualkommunikation
Format 14,8 x 21 cm 80 Seiten ws 90g Paperback
EUR 5,00

Bei den Schulbrüdern in Wien XVIII . Währing
1946 -1948 2.Aufl.
Format 14,8 x 21 cm 26 S. ws 90g Paperback
EUR 3,00

Liturgie gestern – Erinnerungen
Format 14,8 x 21 cm 29 S. ws 90g Paperback
3 Farbseiten EUR 5,00